PIANO • VOCAL • GUITAR

STEVE MILLER
YOUNG HEARTS COMPLETE GREA

ISBN 0-634-07724-4

HAL•LEONARD®
CORPORATION
7777 W. BLUEMOUND RD. P.O. BOX 13819 MILWAUKEE, WI 53213

Visit Hal Leonard Online at
www.halleonard.com

TAKE THE MONEY AND RUN

Words and Music by
STEVE MILLER

ABRACADABRA

Words and Music by
STEVE MILLER

Just when I think I'm gon-na get a - way, __ I hear those words that

you al - ways say. __ Ab - ra, ab - ra - ca - da - bra,

I wan-na reach out and grab ya. Ab - ra, ab - ra - ca - da -

- bra, ab - ra - ca - da - bra.

D.S. al Coda

Kiss me, ba - by, let the fire get high - er, _____ yeah, _____

_____ yeah, yeah. _____

Guitar solo ad lib.

Play 3 times

ROCK'N ME

Words and Music by
STEVE MILLER

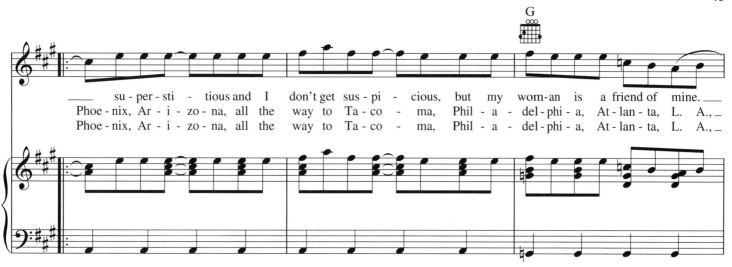

___ su-per-sti - tious and I don't get sus-pi - cious, but my wom-an is a friend of mine. ___
Phoe - nix, Ar - i - zo - na, all the way to Ta - co - ma, Phil - a - del - phi - a, At - lan - ta, L. A., ___
Phoe - nix, Ar - i - zo - na, all the way to Ta - co - ma, Phil - a - del - phi - a, At - lan - ta, L. A., ___

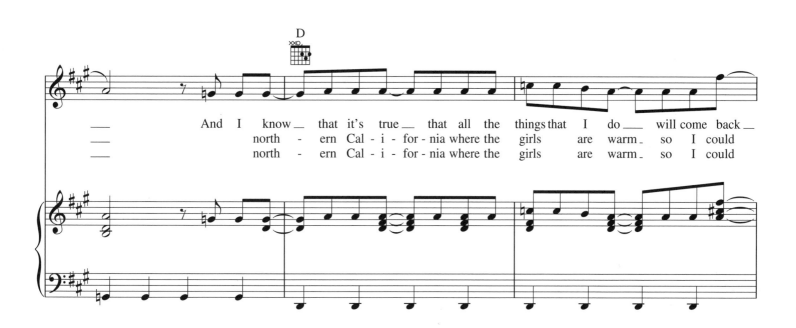

___ And I know ___ that it's true ___ that all the things that I do ___ will come back ___
___ north - ern Cal - i - for - nia where the girls are warm ___ so I could
___ north - ern Cal - i - for - nia where the girls are warm ___ so I could

To Coda ⊕

___ to me in my sweet time. _____ So keep on ⎫ rock - in' me, ba - by;
be with my sweet ba - by, yeah. _____ Keep on a - ⎬
hear my sweet, mm, ba - by say: _____ Keep on a -

SWINGTOWN

Words and Music by STEVE MILLER
and CHRIS McCARTY

THE JOKER

Words and Music by STEVE MILLER,
EDDIE CURTIS and AHMET ERTEGUN

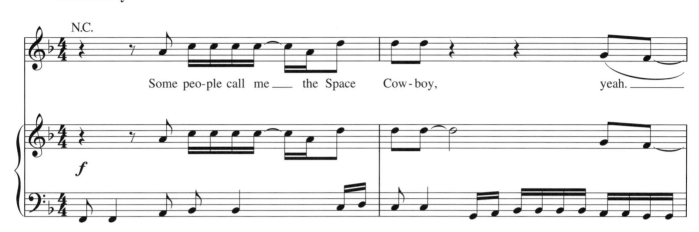

Some peo-ple call me ___ the Space Cow-boy, yeah. ___

___ Some call me the Gang-ster of Love. ___

Some peo-ple call me ___ Maur - ice 'cause I

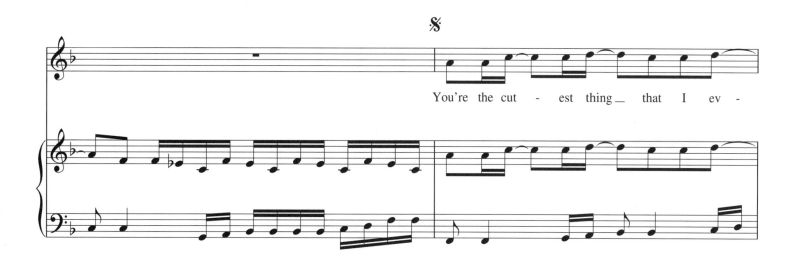

You're the cut - est thing __ that I ev -

- er did see. _____ I real - ly love __ your peach - es, wan - na

LIVING IN THE U.S.A.

Words and Music by
STEVE MILLER

Moderately fast

Doot, du - da, doo, doot, doot, do. ___

Liv - in' in the U. S. A. ___

Where are you go - ing to, ___

what are you gon - na do? ___

Do you

give you a helpin' hand. _____ So ev-'ry-bod-y's kick-in' sand, _

e - ven pol - i - ti - cians. _____ We're

liv - in' in a plas - tic land, ___ some - bod - y give me a hand, ___

D

F

yeah. ___ Oh, _____ we're gon - na

SPACE INTRO

Words and Music by
STEVE MILLER

Freely

FLY LIKE AN EAGLE

Words and Music by
STEVE MILLER

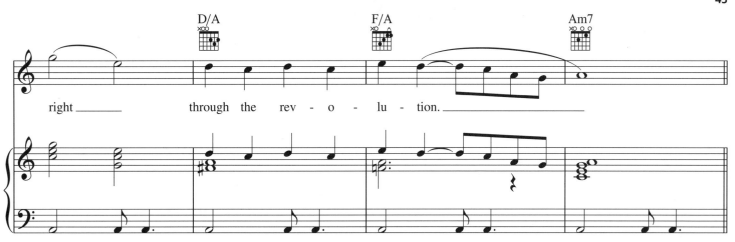

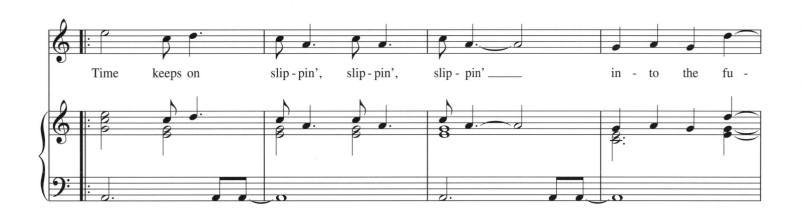

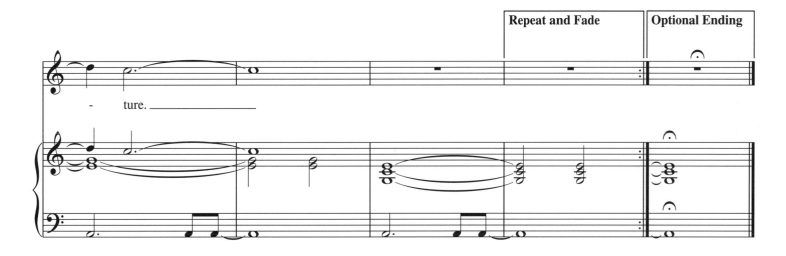

THRESHOLD

Words and Music by STEVE MILLER
and BYRON ALLRED

Freely

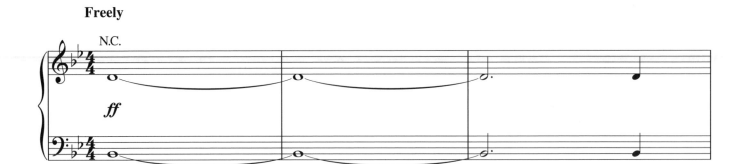

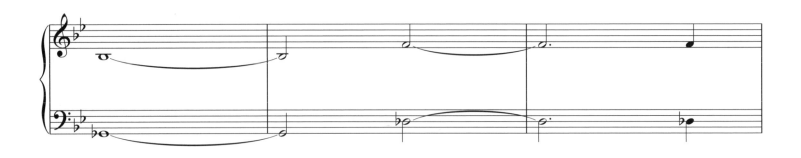

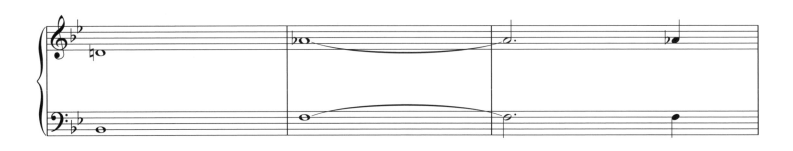

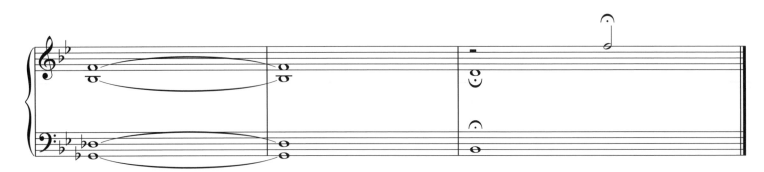

JET AIRLINER

Words and Music by
PAUL PENA

SPACE COWBOY

Words and Music by STEVE MILLER
and BEN SIDRAN

JUNGLE LOVE

Words and Music by LONNIE TURNER
and GREG DOUGLAS

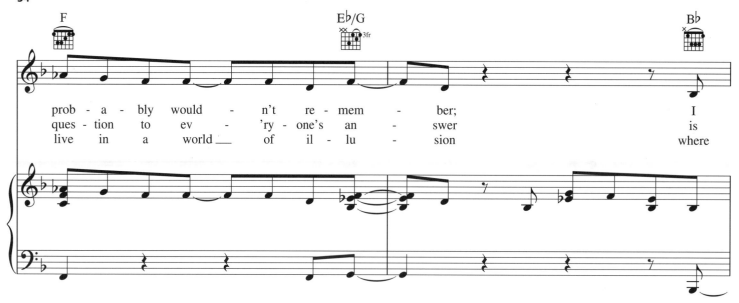

prob - a - bly would - n't re - mem - ber;   I
ques - tion to ev - 'ry - one's an - swer   is
live in a world ___ of il - lu - sion   where

prob - a - bly could - n't for - get ___   jun - gle love ___
usu - al - ly asked ___ from with - in. ___   But the pat -
ev - 'ry - thing's peach - es and cream. ___   We all ___

___ in the surf ___ in the pour - ing rain. ___   Ev -
- terns of the rain and the truth ___ they con - tain, ___ that I've writ -
___ face the scar - let con - clu - sion, but we spend _

SERENADE FROM THE STARS

Words and Music by STEVE MILLER
and CHRIS McCARTY

CRY CRY CRY

Words and Music by
STEVE MILLER

I'm gon - na sing you the blues 'cause I know that you're a gang-ster of love. __
play you the blues 'cause I know that you're a reb - el with a __

cause.
I'm gon - na sing you the blues,
I'm gon - na play you the blues,

all a - bout this beau - ti - ful world. __
all a - bout this beau - ti - ful world. __

A heart-beat and a heart____ is all you need to make it through.___

___ A heart-beat and a heart,____

am I get-tin' through to you? ____

This is the blues for a beau-ti-ful world. _

SHU BA DA DU MA MA MA MA

Words and Music by
STEVE MILLER

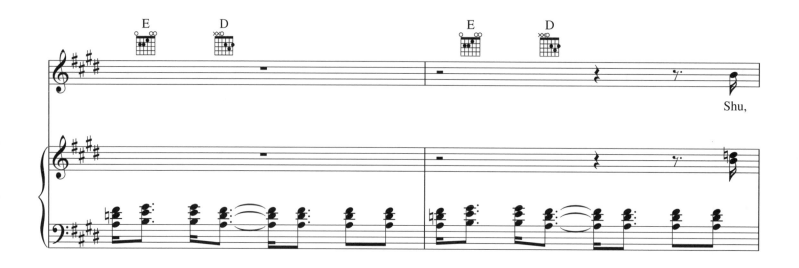

ba, da, du, ma,__ ma, ma,__ ma.   Shu, ba, da, du, ma,__ ma, ma,__ yeah._____

(1., 3.) Come on, ba - by, let's slip a - way. ___
(2.) Come on, ba - by, now don't be too ___ slow.

You
You

know I'm in a hur - ry, I wan - na leave right a - way. ___
know I'm in a hur - ry, I real - ly do wan - na go.

Don't make sense ___ if it ain't ___ the real ___ thing. ___
First you're up ___ and ___ then ___ you're down. _____

ba, da, du, ma, ___ ma, ma, ___ yeah. _____

WILD MOUNTAIN HONEY

Words and Music by
STEVE McCARTY

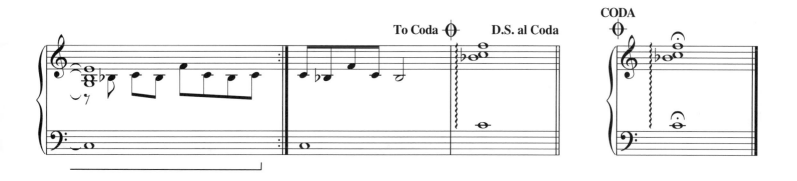

THE STAKE

Words and Music by
DAVID DENNY

WIDE RIVER

Words and Music by STEVE MILLER
and CHRIS McCARTY

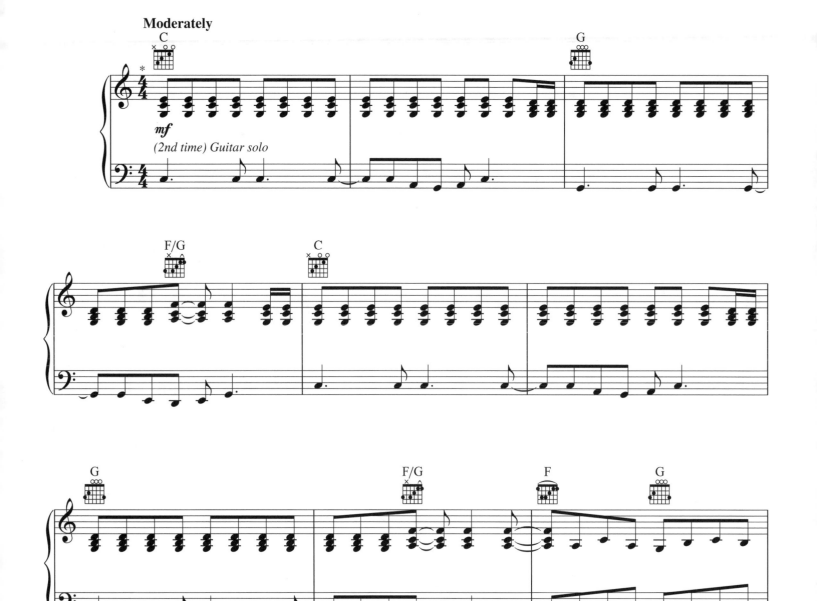

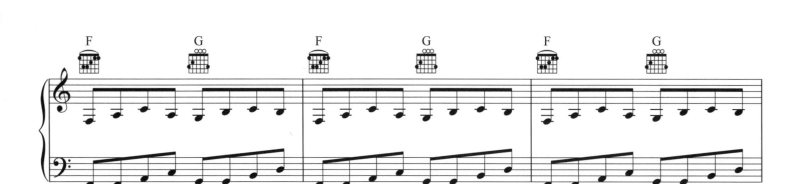

Recorded a half step lower.

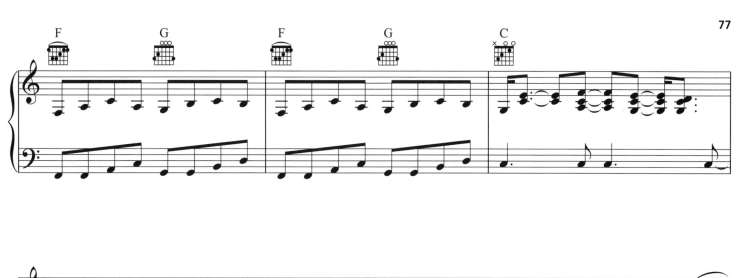

Solo ends

Wide riv - er, she o - pens her mouth to the sea,
Wide riv - er, do you re - mem - ber me?

sing - ing, "Dear, dear o - cean now,
It was not so long a - go

here is a kiss from me." And she runs
that you set me free. And now I

Run like a riv - er that will al - ways be free. _____

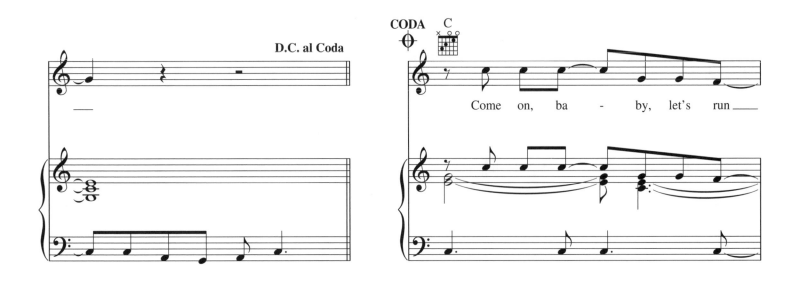

D.C. al Coda

CODA C

_____ Come on, ba - by, let's run _____

_____ in cir - cles. Come on, dar - lin', let's cir -

MY DARK HOUR

Words and Music by STEVE MILLER
and PAUL RAMONE

Moderately fast Rock

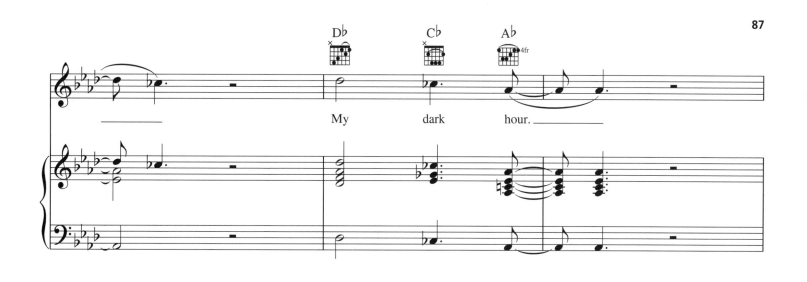

My dark hour.

Ho, it's driv - in' me wild.

Play 3 times

Opt. Ending

Repeat and Fade

WHO DO YOU LOVE

Words and Music by STEVE MILLER
and TIM DAVIS

I WANT TO MAKE THE WORLD TURN AROUND

Words and Music by
STEVE MILLER

I don't wan - na live in a world of dark - ness.
I wan - na live in the world of glad - ness.

Liv-ing in a world of light. ___ Liv-ing in a world of free - dom.

Liv-ing in a world of sight. _____

I wan-na send a mes - sage _____ to ev-'ry
(Send a mes - sage)

DANCE DANCE DANCE

Words and Music by STEVE MILLER,
BRENDA COOPER and JASON COOPER

Moderate Country style

I've been told __ if you keep on danc - in' you'll nev - er grow __ old. __
come a - long, __ let's go out __ and have some __ fun. __
such a sweet girl; when you dance __ it bright-ens up my __ world.

Come on, dar - lin', put a pret - ty dress on; we're gon - na go out to -

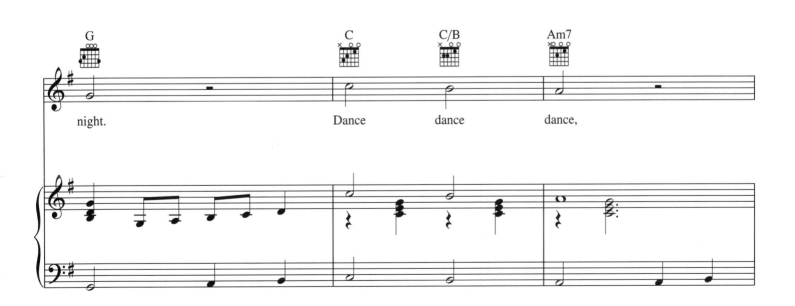

night. Dance dance dance,

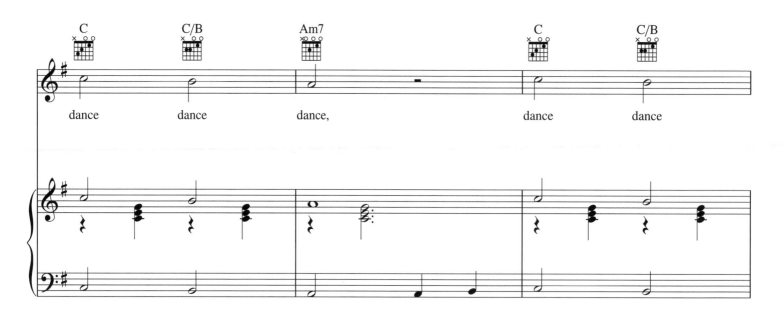

dance   dance   dance,   dance   dance

dance   all _ night _ long. _   I'm a

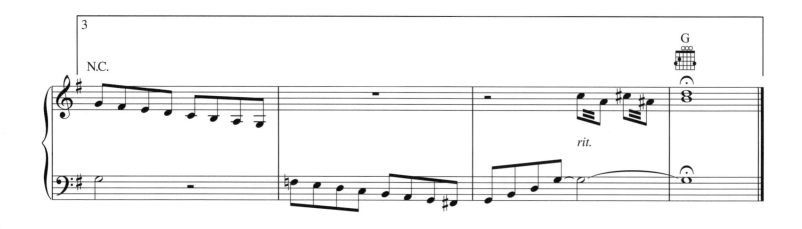